LE

DUC D'ORLÉANS

EXTRAIT DU JOURNAL POLONAIS

INTITULÉ

(**Le Trois Mai**),

PRÉCÉDÉ D'UNE ADRESSE AUX CHAMBRES FRANÇAISES,

PAR

CHARLES FORSTER.

PARIS,

IMPRIMERIE DE E. BRIÈRE, RUE SAINTE-ANNE, 55.

1842.

LE DUC D'ORLÉANS

EXTRAIT DU JOURNAL POLONAIS

INTITULÉ

TRZECI MAY

(Le Trois Mai),

PRÉCÉDÉ D'UNE ADRESSE AUX CHAMBRES FRANÇAISES,

PAR

CHARLES FORSTER.

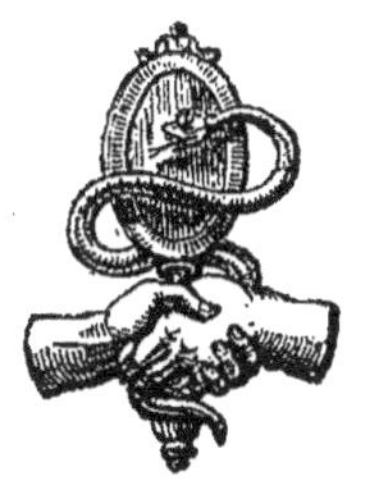

PARIS,

IMPRIMERIE DE E. BRIÈRE, RUE SAINTE-ANNE, 55.

1842.

A

Messieurs les Membres

DES

CHAMBRES LÉGISLATIVES FRANÇAISES.

(Juillet 1842.)

MESSIEURS,

Au moment où Sa Majesté pouvait espérer de recueillir le prix des habiles et courageux efforts de toute son existence de Roi, consacrée au bonheur de la patrie, elle se voit frappée au cœur par une de ces grandes infortunes qui, trop souvent, poursuivent les grands hommes dans leurs plus nobles travaux. C'est une couronne de martyr qu'une funeste destinée joint sur son front à la couronne royale; mais, tout en brisant la première colonne qui devait soutenir l'édifice de son génie, la foudre n'a pas détruit les fondemens qui font sa force et sa solidité.

S'il est une consolation pour la France dans ce deuil national, c'est l'aspect seul de la douleur unanime que la mort du duc d'Orléans provoque parmi toutes les nations.

Certes, cette mort est non-seulement une calamité pour la France; c'est une catastrophe qui aurait pu bouleverser l'Europe entière, si l'institution de la monarchie constitutionnelle n'avait pas jeté de si profondes racines en Europe. — Voyez ces vifs regrets que les patriotes de toutes les nations donnent à cette mort précoce, et demandez si ces regrets ne s'adressent pas plus encore au premier Prince héréditaire constitutionnel qu'au jeune homme qui a possédé toutes les qualités de l'esprit et du cœur! — Sa vie a été courte, mais l'histoire lui donnera une place plus haute et plus brillante que celle qu'un souverain même peut désirer. Le duc d'Orléans est le premier soldat tombé sur la brèche dans cette lutte à outrance, par laquelle la civilisation française doit asseoir, à travers le monde, la MONARCHIE CONSTITUTIONNELLE sur les décombres des vieilles monarchies absolues. — Car le régime constitutionnel moderne est bien plus l'œuvre de la pensée politique française que l'imitation des formes traditionnelles de l'Angleterre. La révolution de JUILLET est une grande ère sociale. Elle a inauguré en Europe un régime constitutionnel *nouveau*.— C'est à la France, où l'aristocratie héréditaire et la religion d'État ont été détruites en 1830, que revient la gloire d'avoir posé les fondemens d'une aristocratie toute nouvelle, celle du mérite et de l'intelligence au sein de l'égalité civile. C'est la France seule qui, la première en Europe, a proclamé le principe de cette égalité; qui, dans ses systèmes de politique extérieure, a toujours été *franche*, loyale et généreuse; qui toujours a su mettre la question des intérêts en harmonie avec la question des principes, et même faire prévaloir ces derniers; c'est la France, dis-je, qui est aussi appelée à régénérer l'Europe entière à l'aide du principe de cette égalité. — Et voilà pourquoi la perte du duc d'Orléans est plus qu'une perte de famille, plus que ne sera dans l'avenir la perte de tout autre Prince royal. — Mais s'il n'était pas dans la destinée que sa vie fût conservée à la France pour réaliser toutes les idées du grand monarque de Juillet, sa mort a fait voir combien d'espérances étaient, à juste titre, fondées sur lui. Ce deuil profond, qui est dans tous les cœurs probes et patriotiques, découvre toute la solidité de l'œuvre de Louis-Philippe, contestée jusqu'ici par ses ennemis, et consolide à jamais en France le pacte de la nation avec la royauté constitutionnelle fondée en 1830. — Voilà pourquoi l'histoire donnera, dans ses pages, une place si élevée, si importante au Prince décédé.

Nous avons déposé aux pieds du trône l'expression de notre douloureuse affliction. — Quant à vous, Messieurs, qui, au milieu de vos grands travaux, daignez chaque année renouveler votre généreuse et solennelle protestation contre l'anéantissement de la Pologne qu'un système politique *peu prudent* opprime sans relâche; qui parviendrez un jour, en persévérant dans ces nobles efforts, à réaliser les vœux du Roi et une des pensées les plus intimes du duc d'Orléans,—à amener *la résurrection de la Pologne*, — permettez-moi de vous adresser cette manifestation récente d'une des feuilles polonaises publiées à Paris.

Placé en dehors de tous les partis qui agitent notre Émigration, comme celles de tous les temps, m'attachant aux institutions et non aux hommes, j'ai constamment (bien qu'une ordonnance royale m'honore de la jouissance des droits civils en France) l'intérêt général de ma mère-patrie en vue. — Porté par cette tendance, et sans examiner la question des personnes, relative à mon pays, je crois utile de vous présenter, Messieurs, cette communication pour vous prouver combien les Polonais partagent votre douleur et combien les idées d'un régime monarchique constitutionnel régulier, ont continué à germer, sous votre égide, parmi ceux que leurs ennemis ne cessent de proclamer *anarchistes*, de même qu'ils déclaraient en 1795, les Polonais *incapables de se donner une constitution ferme et régulière*, juste au moment où nos pères avaient fait et adopté cette admirable et célèbre CONSTITUTION DU 3 MAI 1791, dans laquelle, mieux que dans tout autre essai plus récent, les véritables principes de la raison et de la science politique semblaient réalisés, en conciliant à la fois le passé, le présent et l'avenir.

CHARLES FORSTER,
Ancien Secrétaire au Cabinet du Lieutenant
du Royaume de Pologne.

Paris, le 26 juillet 1842.

AVANT-PROPOS.

Avant de procéder à la lecture de l'article suivant qui, en déplorant la terrible catastrophe du 13 juillet, examine en même temps la position de la France et la compare à celle de la Pologne, il est nécessaire de le faire précéder d'un extrait de cette explication que M. le sénateur-castellan, comte Olizar, fondateur du journal intitulé : TRZECI MAY (*le Trois Mai*), a donné à ses associés, le 22 juin de cette année, sur la formation et les tendances de cette feuille, publiée à Paris en langue polonaise.

« Le besoin d'un pouvoir était de toute urgence pour réunir l'émigration polonaise. Je n'étais pas le seul qui le sentait! — Malgré le chaos qui nous entourait, la probité et le patriotisme polonais ne cessaient de lutter avec les passions, et indiquaient à tous les cœurs le besoin d'un pouvoir. — La Diète avait déjà, à plusieurs reprises, cherché à se réunir en complet, mais elle a rencontré des difficultés insurmontables. — Plusieurs Comités furent formés, mais ils tombèrent bientôt. — Il ne manquait donc pas de bonne volonté, mais il y avait évidemment dans les moyens mis en usage, quelque chose d'impraticable qui anéantissait les efforts les plus nobles.

» Au milieu de ce mouvement général par lequel l'émigration, depuis son origine, tournait en cercle, ne pouvant tomber sur aucune idée salutaire, sur aucun point d'appui qui lui aurait imprimé une tendance régulière, quelques hommes, à cœur aussi chaud que les autres, mais doués d'un discernement plus calme, se réunirent, et cherchèrent avec zèle et persévérance à remédier au mal et à servir efficacement la patrie. Cette tendance les a amenés à l'idée d'une *dynastie*, et ils formèrent une société pour propager ce principe.

» Dans ce but parut bientôt un journal polonais Kray i Emigracya (*le Pays et l'Emigration*), et plus tard une brochure : de la dynastie en Pologne. — Nous savions que cette opinion émise pour la première fois publiquement, et qui renversait des ambitions individuelles, en arrêtant des *pseudo*-illustrations sur une route qu'elles se projetaient de parcourir au préjudice de la cause générale, frapperait tout le monde, malgré les progrès préparatoires déjà connus ; et, en effet, comme toutes les idées qui ont de l'avenir, elle provoqua une vive clameur !

» Lorsqu'il me parut enfin qu'était venu le moment dans lequel les esprits fatigués par des récriminations se prêteraient plus facilement à la discussion, je résolus d'accéder publiquement moi-même à une deuxième manifestation du principe dynastique, et j'ai amené la fondation d'un journal qui devait soutenir et propager ces doctrines.

» Tel était le commencement du journal le trois mai.

« L'*insurrection* est, selon la conviction des partisans du trois mai, l'unique moyen de salut pour la Pologne : — Le sentiment intime de cette urgence, la connaissance de ce genre de lutte et la connaissance du pays, l'unique moyen de l'insurrection ; et la *dynastie nationale* l'unique moyen pour triompher par l'insurrection.

» Mais jamais cette feuille n'a eu l'intention, comme on le lui a reproché, d'élire ici, *dans l'exil*, le prince Adam Czartoryski, roi de Pologne. Jamais telle proposition ne fut faite par aucun organe de cette opinion.

» Convaincus qu'une théorie n'est efficace que lorsquelle est personnifiée, nous avons proposé à la Pologne, à cette royauté dynastique, le prince Adam Czartoryski comme un homme possédant dans le pays et dans l'émigration la position la plus élevée, et laissant conséquemment le moins de chances pour arriver au pouvoir à des concurrences présomptueuses et irréfléchies, qui ont été fréquentes dans notre pays.

» Je n'ai pas cherché l'homme, mais la position ; car il n'est pas à moi de prévoir comment chacun remplira son devoir. Quant à la position, elle est sûre et je ne suis responsable que de son choix. — Celui qui l'occupe répondra lui-même pour ses actes devant Dieu et devant la patrie. »

ARTICLE

TRADUIT DU JOURNAL POLONAIS

INTITULÉ

TRZECI MAY.

(LE TROIS MAI.)

Paris, le 25 Juillet 1842.

La France, puissante et paisible par la Monarchie et la Liberté, se trouve d'un coup sujette à supporter tout le poids de ces institutions. Le jour même où la grande nation se reposait encore, dans la matinée, des commotions récentes des élections d'une nouvelle Chambre co-régnante avec le Roi, le soir, elle fut plongée dans une profonde douleur par la mort subite de l'héritier du trône. Le duc d'Orléans allant, à midi, de Paris à Neuilly pour prendre congé du Roi, fut lancé par un choc hors de sa voiture, et tomba si malheureusement qu'il termina, quelques heures plus tard, une existence glorieuse, bien courte, mais entièrement consacrée à la patrie et au Roi.

Parmi les nombreuses qualités de ce jeune prince, on distinguait principalement les deux tendances vraiment royales : un profond sentiment de la fierté nationale vis-à-vis des puissances étrangères et une soumission civique pour sa nation. Rempli lui-même d'une ardeur guerrière, il avait, comme citoyen, une résignation exemplaire à l'encontre de la politique pacifique du Roi, et le premier, par sa position entre les citoyens et entre l'armée, il savait, par cette conduite même, leur servir de plus frappant exemple. De là, vénéré par la nation qu'il a défendue dans des momens difficiles, adoré par l'armée dont il avait partagé tous les lauriers] et toutes les fatigues, il était parvenu, comme il semblait, après avoir parcouru tant de dangers, au but. Il voyait devant lui le plus brillant avenir, et aujourd'hui, malgré que la Providence l'avait tant de fois couvert contre les traits des ennemis et des assassins, aujourd'hui il est tombé victime d'un accident fatal, au milieu d'une paix profonde, à deux pas de la capitale, devant les yeux de sa famille ; et le Roi, chargé d'années, accablé de tant de malheurs supportés pour la cause de la patrie, devait survivre à l'héritier de son trône battu par les orages ; lui qui a tant mérité de mourir tranquillement, lui le grand monarque, le malheureux père, a été réduit à fermer les yeux à son fils. Quelle perte pour la France, quelle douleur pour la dynastie ! malheureux Roi ! malheureuse nation !

La Pologne est destinée à ressentir vivement chaque douleur de sa sœur bien aimée, la France. La Pologne a perdu dans le duc d'Orléans un de ses publics vénérateurs; l'armée polonaise, un défenseur zélé de sa gloire; les émigrés, leur protecteur, souvent leur bienfaiteur; la nation polonaise, un ami, un véritable allié, et la famille de notre représentant pleure dans cette mort, à part les espérances politiques et les rapports importans, une perte personnelle.

Mais pour la France cette perte est bien plus directe; car à peine des citoyens grands et nobles, différant par les opinions, mais unis dans le patriotisme, Casimir Périer, Talleyrand, Guizot, Thiers, et tant d'autres, étaient-ils parvenus à entourer le trône de Juillet, à diriger la colonne qui soutenait la dynastie, l'Etat et la nation française; à peine Louis-Philippe a-t-il pu vaincre ou écarter les difficultés géantes qui, depuis la chute de la révolution polonaise, entourèrent de tous côtés la France ; à peine, après des luttes longues, passionnées et souvent meurtrières, la minorité rebelle succomba-t-elle devant la loi et la volonté nationale, et le Roi ferme, mais généreux, fort de l'affection des citoyens et de l'armée, avait-il vaincu les partis obstinés, celui de la vieille France, imbu des préjugés surannés, et celui de la turbulente jeunesse à cœur, mais sans tête, facile à entraîner, errante de bonne foi, et souvent coupable par une illusion sacrée du cœur ; à peine la nouvelle dynastie avait-elle commencé à cicatriser les plaies faites à la France par tant de gouvernemens passés et par leurs partisans intempestifs actuels ; à peine, en un mot, le peuple français s'était-il familiarisé avec le nouvel état de choses, avait-il compris que le pouvoir et l'ennemi, mots longtems synonymes, différaient complètement de la révolution de juillet; à peine le peuple s'était-il convaincu qu'il ne pouvait obtenir la puissance et la liberté que sous une monarchie nationale, qu'il ne pouvait être France puissante et tranquille qu'avec la loi et la force, que voilà de nouveau la fatalité qui se dresse au milieu de la France et remet en question les biens si chèrement acquis.

Nous ne voulons pas dire que la nation éclairée et courageuse se laissera arracher les progrès bienfaisans qu'elle doit à la monarchie de Juillet.— Non ! — Une nation qui a su par tant de dévoûment, par tant de sacrifices, acquérir les profits moraux et politiques, inconnus jusqu'ici à d'autres nations (et dont l'unique exemple n'a été qu'en Pologne du temps de l'ancienne monarchie), cette nation, disons-nous, saura, sans aucun doute, *conserver* ce qu'elle a élevé malgré tant de difficultés. Mais la mort du duc d'Orléans, enlève ces profits, auxquels la France touchait déjà, par l'espoir de voir le sceptre entre les mains de ce populaire et bien-aimé héritier du trône, aujourd'hui tant regretté, comme si avec lui devait expirer une partie du prestige dynastique.

En effet, les vertus d'un Roi et le patriotisme d'une nation sont, seuls, insuffisans pour fonder et consolider une nouvelle dynastie ; une institution aussi importante, aussi décisive, aussi salutaire, a encore besoin pour sa réussite de la bénédiction du ciel, et de l'action participante du temps ; et le temps, cet élément important de chaque pouvoir, a échappé à la France par l'accident d'aujourd'hui ; il a rompu les traditions des douze années et a entamé les garanties de l'avenir, qui étaient déjà une égide réelle pour la puissance de la France. Et si la nation française n'est pas encore en danger, l'accident a néanmoins emporté de grandes espérances solidement basées.

Il est notoire que la position du roi actuel des Français n'était pas aussi avantageuse, aussi claire, que celle qu'il a préparée à son successeur. Louis-Philippe, indépendamment de sa volonté, et par la force des événemens, lancé d'abord dans des circonstances orageuses, et puis, poussé dans une position difficile, a été forcé de vivre quelquefois dans un camp étranger, ce qui, aux yeux des hommes d'Etat penseurs, relevait encore la valeur de son inébranlable patriotisme ; mais, aux yeux du peuple, cette circonstance devint une source intarrissable de soupçons, de reproches ; et la masse de la nation orgueilleuse, ne s'est pas souvenu des avantages qui surgissaient pour elle des dispositions de Louis-Philippe à la paix avec les puissances étrangères, et refusait même les dons qu'on lui présentait d'une main entourée d'ennemis. En outre, les grandes qualités de ce souverain, la sagesse, la persévérance, la sévérité pour lui-même seulement, et la grâce pour les autres, la perspicacité et l'hésitation momentannée, prudente ; une certaine concession et même soumission aux pouvoirs nationaux, nommée par les exaltés, faiblesse ou ruse, ces qualités incontestables, salutaires, surtout dans les momens orageux, après les premiers jours de juillet, où on demandait à grands cris une guerre intempestive ; ces qualités, disons-nous, bien que réellement royales, n'avaient cependant pas d'éclat, de clinquant, de prestige, et le roi des Français, sage dans le conseil, prévoyant dans le cabinet, courageux en face de l'anarchie (qui est le danger le plus menaçant pour la France), ne frappait l'imagination du peuple ni par une cour brillante, ni par une gloire guerrière, et c'est pour cela qu'il a plus de vénération et de respect, que d'admiration publique et d'affection enthousiaste dans la nation.

L'anarchie, désireuse de ruiner le bonheur de la France de Juillet, profite de cette position. Elle cherche à atteindre dans le Roi la base de la calme grandeur de la puissance française. Elle lance contre le monarque tous les traits dirigés contre la France, et cherche en quelque sorte à vaincre dans la conduite du Roi, ces passions mâles de la nation, qui ont puni l'anarchie. C'est dans la biographie des autres jours de Louis-Philippe qu'elle va puiser des argumens contre sa sage politique d'aujourd'hui, acceptée avec reconnaissance par la nation.

La position du jeune Prince royal, sans rapports politiques dans l'étranger, et ayant de nombreuses relations dans le pays, par l'école et le camp, était toute différente. Un extérieur noble et séduisant, une bravoure éclatante, des manières exquises, un patriotisme vif et public, lui donnaient un charme tout particulier; et l'éducation acquise sur les bancs des écoles publiques, avec la jeunesse bourgeoise, le service sans aucune distinction dans le camp, lui attiraient l'adoration de cette nation véritablement fière, qui ne s'incline que devant un Français, ne courbe le front que devant un tel pouvoir, bien différente en cela des autres nations, qui ne veulent jamais élever leur égal au-dessus d'eux. Par les mérites de son père et par ses propres qualités, il était déjà héritier du trône, la garantie pour les citoyens, le bien aimé de l'armée; déjà toute la nation voyait arriver sous son règne des jours aussi prospères que brillans et glorieux; déjà les hommes sérieux voyaient avec joie la France agitée entrer au port du salut; le nouveau Roi, au milieu de circonstances aussi heureuses, rendre l'éclat quelque peu pâli, à la monarchie française et élever plus haut le premier trône en Europe, entourant surtout la royauté française d'une grande dignité morale, — quand d'un coup, un seul accident brise ces douces rêveries, et l'espoir du prestige de la royauté en France est forcé, tout affligé, de porter ses regards ailleurs; de suivre une autre route plus difficile, vers ce but dont il était si près, et de terminer la grande mais difficile œuvre à travers de nouvelles adversités. Sous ce rapport, la mort du duc d'Orléans est une véritable calamité publique.

En outre, la constitution garde le silence sur la régence et la tutelle. Le législateur français, sous l'influence des idées distraites de 1830, a oublié des articles aussi importans; il a oublié que les personnes royales ne sont pas aussi éternelles que l'institution monarchique. Dans ce moment donc, par suite d'une faute du législateur et du cas survenu, la France est en quelque sorte semblable à la Pologne; elle a, comme cette dernière, un chef accablé d'années (1) et ne lui voit que des héritiers en bas âge; elle s'expose à une régence, espèce d'institution moitié républicaine; car l'intérêt personnel du régent n'est pas toujours en harmonie avec l'intérêt de la nation, qui s'accorde parfaitement avec celui du monarque. La régence, malgré les efforts du pouvoir, a toujours une analogie avec la république dans laquelle l'intérêt privé gouverne l'intérêt public.

Néanmoins, combien n'y a-t-il pas de supériorité, dans ce cas, de la France sur la Pologne! Notre cause s'appuie sur des hommes, êtres fragiles et qui peuvent périr par le premier accident, comme le cas actuel en offre l'exemple; tandis que la puissance de la France repose sur des institutions, toujours plus fortes que l'homme. Notre cause est soutenue par un chef forcé

(1) Le journal polonais considère le prince Adam Czartoryski, parent du roi Stanislas Poniatowski, comme seul héritier de la Couronne polonaise.

de compter d'abord avec son intérêt personnel, de vaincre par l'esprit ce cœur qui soupire après la paix et le repos, de lutter contre les passions humaines, de mesurer journellement, afin de suivre la voix de sa destinée, de son devoir, cette route devant lui, sur laquelle les obstacles sont si près, si puissans, où se présentent tant de peines, tant de responsabilités et sur laquelle, au terme des efforts et des soins, se trouve un sceptre si lourd pour gouverner le pays après une si longue anarchie, et qui n'offre à ce chef, après tant de fatigues, qu'un fardeau sans aucune récompense; en France au contraire, la puissance déjà établie, l'Etat formé, la nation organisée, sont dirigés par un roi réel, souverain de fait, chef d'une dynastie déjà reconnue; et quelque difficile que soit la gestion du pouvoir royal, le monarque identifié déjà avec l'existence du pouvoir, ne trouve qu'appui dans son intérêt personnel et non des obstacles pour remplir un devoir difficile. La différence du chef au souverain est donc bien grande. Le roi des Français a toutes les facilités et concours nationaux, que notre chef, dans sa position actuelle, non-seulement n'a pas encore, mais qu'il ne peut avoir.

Son droit n'est que moral; il repose sur des problèmes légaux (car comme la monarchie ne peut être sans roi, de même une cause nationale ne peut être sans chef représentant), sur des mérites politiques, sur de grands services de famille et propres, et conséquemment sur la reconnaissance et l'intérêt du pays. — Le droit du chef de la cause polonaise se fonde seulement sur l'âme, sur l'esprit, sur la conscience des Polonais, reconnaissant ce droit aux princes Czartoryski, pour avoir, par la révolution de 1764, créé une nouvelle Pologne, pour avoir donné un roi de leur famille qui a soutenu pendant long-temps la Pologne et lui a donné le siècle d'Auguste, une constitution et une organisation; qui a été proclamé par la nation *monarque héréditaire*, droit que l'ennemi n'a pu ravir à sa famille royale. Ne devons-nous pas plutôt croire et donner la primauté à la volonté nationale sur celle ennemie? d'autant plus que cette famille royale cherche à nous rendre aujourd'hui la Pologne écrasée par le despotisme, comme elle a relevé jadis la république;—Et si, dans la dernière révolution, elle ne l'a pas défendue de ces forces dont elle pouvait disposer, aujourd'hui, reconnaissant ses torts, elle la sert d'autant plus fidèlement, et ne lui permet pas de choir. Tels sont les droits de notre dynastie à la couronne!

Le droit du Roi des Français, au contraire, ne se base pas seulement sur l'âme, l'esprit et la conscience des Français, mais, ce qui plus est, sur la matière, sur les justices, l'armée, la police et le trésor, et surtout sur l'intérêt individuel, personnel, d'autant d'hommes qu'il y a de Français. Tandis que dans notre pays, pour reconnaître le chef il faut d'abord vaincre l'intérêt du moment, sacrifier sa fortune, exposer sa personne, en France précisément, chacun vénère le Roi à cause de la sûreté de son avoir et de sa personne. La position de notre chef diffère donc visiblement de celle du Roi des Français; autrement, si nous avions une dynastie distincte, cet élément principal de la puissance, où trouverait la France un Etat plus vaste que le nôtre, ou une nation plus guerrière, plus attachée à la gloire et à la liberté que la nation polonaise?

Mais, comme nous n'avons pas encore de dynastie distincte, il y a sous le rapport de l'Etat et de la nation, une différence bien plus sensible encore entre la France et la Pologne. Pour nous, la question de la dynastie est plus urgente que la recherche des frontières d'un Etat démembré et la rédaction d'une constitution pour une nation dispersée, soumise à plusieurs régimes différens ; en France, l'Etat est en entier, indépendant, et la nation, unie par la liberté et l'égalité, se renforce et ne périt pas. Le Roi est défendu par des limites incontestables d'un Etat immense; son trône est couvert par les Pyrénées, les Alpes et par une nation forte, organisée légalement, toujours prête à sa défense et ayant devant les yeux ses lois et ses devoirs.

Or, en revenant à l'importance de la mort de l'héritier du trône, comment la nation ainsi organisée pourrait-elle être en danger par la mort d'un seul homme? Comment la mort d'une personne pourrait-elle faire trembler sur ses bases une monarchie aussi puissante et aussi bien organisée que la monarchie française? Que seraient donc d'autres causes, si la cause d'une nation aussi éclairée et courageuse, aussi prudente à côté de l'enthousiasme, aussi soumise à côté de l'honneur et de l'orgueil, devait être en danger? La république seule peut choir par la mort d'un homme, mais non la monarchie. Mais, du moment où la monarchie française a hardiment réalisé les rêves les plus sacrés de cœurs nobles, où elle a autant de bonheur, de lumières, de libertés et de richesses que d'ordre, de soumission et de hiérarchie, où, dans son organisation il y a autant de loi que de force, une telle union doit également être une puissance immense.

En effet, où sont les ennemis qui oseraient attaquer cette existence heureuse d'une nation dirigée par un monarque? La France, brave, puissante et régulière ne les a-t-elle pas maintes fois comptés, vaincus, et toujours fait trembler; ne leur a-t-elle pas jeté, à nos yeux, le gant, sous les murs d'Ancône, d'Anvers? Et en offrant un asile aux Polonais, ne brave-t-elle pas la Sainte-Alliance autant de fois qu'il y a de jours dans l'année durant cette généreuse hospitalité? Quelle main sacrilége pourrait se lever encore contre ce Roi respecté que la nation couvre de son sein. Comment conquérir un État où des liens si intimes unissent le monarque à la nation. La France triomphera ; elle doit triompher, et nous avons déjà la conviction de cette victoire en voyant de quelle douleur la mort du duc d'Orléans l'a affectée, comme elle a relevé le courage de la grande nation, et fortifié son attachement pour la dynastie. Quand la Pologne sera-t-elle organisée de telle sorte que la perte d'une personne chère sera une affliction pour la dynastie et pour la nation, mais non pas un désastre pour la cause!

FIN.

ADRESSE PRÉSENTÉE

A

Sa Majesté le Roi des Français.

SIRE,

Au milieu du deuil général qui couvre la France, les Polonais, réfugiés sur cette terre hospitalière, n'ont pas encore exprimé leur douloureuse affliction. Eux aussi, cependant, habitués depuis long-temps à partager toutes les émotions de la France, ses souffrances comme ses joies, ressentent vivement le coup affreux qui vient de frapper le cœur de Votre Majesté.

Permettez donc, Sire, qu'ils s'associent au sentiment général du pays, pour déposer au pied du trône de Votre Majesté l'expression de leur profonde douleur.

Daignez agréer cet hommage du dévoûment sincère, de la reconnaissance et du profond respect avec lequel les soussignés ont l'honneur d'être,

De Votre Majesté,

Les très-humbles et très-soumis serviteurs.

Cette Adresse est signée par plus de deux cents Polonais résidant à Paris, parmi lesquels se trouvent :

Le prince ADAM CZARTORYSKI ; le palatin comte OSTROWSKI ; le général en chef RYBINSKI ; le sénateur-castelan comte OLIZAR ; le général SIÉRAWSKI ; le général DEMBINSKI ; le ministre secrétaire-d'état MORAWSKI ; le général GAWRONSKI, etc., etc.

www.ingramcontent.com/pod-product-compliance
Lightning Source LLC
LaVergne TN
LVHW010338230826
846091LV00009B/3920

* 9 7 8 2 0 1 9 2 5 7 3 4 7 *